Gao

te font suivre ce
livre plein de
sagesse !

AUTRES LIVRES DE CETTE COLLECTION :
On n'a pas tous les jours 30 ans
La vie commence à 40 ans
Tous fous à 60 ans
Le 3ème âge déménage
La crise de la quarantaine
La loi de Mme Murphy
Papotages
On n'a jamais fini !
Les femmes aiment les choses simples... les hommes par exemple!

© Editions Exley sa 2004
20, rue de Genval – B1301 Bierges
info@helenexley.fr -- www.helenexley.fr
Sélection et arrangement © 1994 Helen Exley.
Cartoons © Bill Stott 1994.
Cartoons de Bill Stott.
Réalisé par Elizabeth Cotton.
Directrice de collection : Helen Exley.
Pour l'édition française : Bernadette Thomas
Tous droits réservés – Imprimé en Chine
DL : 7003/1997/07 - ISBN : 978-2-87388-102-3
15 17 19 21 23 25 24 22 20 18 16 14

Crédits : L'éditeur remercie vivement les détenteurs de copyrights
pour leur aimable autorisation à publier leurs textes et notamment
les extraits de la "Crise de mi-vie et autres déchéances masculines"
© 1987 de Fred Schoenberg, réimprimé
avec la permission de Simon et Schuster, Inc.
ODILE DORMEUIL, ANNELOU DUPUIS, PIERRE GRANIER et MIKE KNOWLES
sont © HELEN EXLEY 1994.

— LA VIE EST BELLE —

A 50 ANS !

•HUMOUR•

Dessins de Bill Stott

EXLEY
PARIS - LONDRES

<u>On n'est jamais trop vieux</u>

Cinquante ans, c'est l'âge de se lever
et de bouger — avant que toutes choses ne passent.
ANNELOU DUPUIS

*

On n'est jamais trop vieux pour rajeunir.
MAE WEST

*

Il vaut mieux s'émousser que rouiller.

*

On ne peut faire reculer les aiguilles, mais on peut toujours les remonter.

BONNIE PRUDDEN

*

"VOYONS... ON N'A PAS TOUS LES JOURS CINQUANTE ANS, N'EST-CE PAS!"

Les Symptômes

Quand on est vieux, le corps craque, les genoux s'entrechoquent et les dents tombent.

ADRIEN, 10 ANS

"CHÉRIE, VIENS VOIR! J'AI UN CHEVEU BRUN!"

"J'AI GARDÉ LE MÊME POIDS QU'À 25 ANS. HÉLAS, À 50 ANS, 30% DE CELUI-CI SE CONCENTRE EN UNE SEULE PLACE."

A partir d'un certain âge, on devient irrésistiblement attiré par la façon dont les miroirs modernes déforment la réalité.

PIERRE GRANIER

*

L'inconvénient, quand on est vieux, c'est de ne pas paraître aussi beau que quand on était jeune. C'est comme regarder une photo "avant" et "après", mais dans l'autre sens.

GINO MIELE

*

L'Anniversaire Tant Redouté

Imagine que tu puisses claquer les doigts pour choisir l'anniversaire que tu veux et ne plus jamais vieillir! Hélas… C'est impossible, l'arthrite t'empêche de claquer des doigts.

SUZANNE, 12 ANS

*

Y aura-t-il des bougies sur ton gâteau d'anniversaire?

Non, il s'agit d'un anniversaire, pas d'une procession aux flambeaux.

CINDY PATTERSON

*

A partir d'un certain âge, quand ils fêtent
leurs anniversaires et qu'ils se portent un toast
en entrechoquant leurs verres, cela me donne mal
à la tête.

PHILIPPE, 8 ANS

*

On prend conscience de son âge
quand le gâteau d'anniversaire s'effondre sous le poids
des bougies.

P.D.F.

*

Les dix plus belles années d'une femme :
entre quarante-sept et cinquante ans.

*

ON A VRAIMENT CINQUANTE ANS...

... quand il est de plus en plus difficile d'atteindre ses orteils.

*

"COMPRENDS-MOI BIEN : UN V.T.T. À 50 ANS, CE N'EST PAS MAL, MAIS PERSONNELLEMENT, JE LAISSERAIS TOMBER LE SHORT EN LYCRA."

… quand le confort l'emporte finalement sur la mode.
ODILE DORMEUIL

*

… quand on a besoin de souffler un peu après avoir lacé ses chaussures.

… quand conserver ses cheveux signifie porter une perruque.

… quand on n'ose plus s'arrêter sur un boulevard très fréquenté, de peur qu'une bonne âme ne propose son aide pour le traverser.

*

… quand les vêtements ne tombent plus bien, parce que c'est vous qui avez besoin de retouches.

*

AGE ? QUEL ÂGE ?

A cinquante ans, on oscille entre
être Bien Conservé et être Beau.
Autant se cramponner à être Elégant.

ODILE DORMEUIL

*

Celui qui ne se souvient pas du passé est condamné
à oublier où il s'est garé.

DAVID RUDNISTSKY, *"JOIE DE LA DÉPRIME"*.

*

La nature vous offre le visage que vous avez
à vingt ans, mais c'est à vous de mériter le visage
que vous aurez à cinquante ans.

COCO CHANEL

*

Aucune femme ne devrait être trop précise
quant à son âge. Cela fait tellement calculateur.

OSCAR WILDE

*

Une femme est pleinement satisfaite, aussi longtemps qu'elle peut paraître dix ans plus jeune que sa propre fille.

OSCAR WILDE

"APRÈS AVOIR ARRÊTÉ L'ALCOOL ET LA CIGARETTE, NOUS REVOILÀ À FAIRE DES ACTIVITÉS ENSEMBLE!"

Après trente-cinq ans de mariage, l'épouse de Sam mourut. A la fin d'une période de deuil respectable, Sam se regarda et se dit: "La vie n'est pas finie. Je peux sortir, m'amuser et peut-être rencontrer une jolie jeune femme, qui sait?" En dix-huit mois, Sam s'inscrivit dans un club de sport pour garder la forme, perdit dix-huit kilos, acheta un postiche, se fit couronner les dents, rectifier le nez, rajouter une fossette au menton, pousser la moustache, mit des lentilles de contact, et renouvela de façon plus branchée sa garde-robe. Un jour, ce qu'il vit dans le miroir le ravit et il se trouva fin prêt à affronter le monde. Malheureusement, Sam mourut cette nuit-là. Il monta au paradis où il rencontra Dieu et lui dit: "Dieu! J'étais un mari attentionné et aimant, un père et grand-père merveilleux, honnête et travailleur. J'allais justement recommencer une nouvelle vie. Pourquoi m'as-tu fait cela?" Dieu répondit: "Honnêtement, Sam, je ne t'avais pas reconnu."

FRED SHOENBERG,
extrait de *"La crise du moyen-âge et autres déchéances masculines."*

*

Ne Croyez Jamais Une Femme...

On ne devrait jamais faire confiance à une femme qui avoue son âge. C'est le genre de femme qui dirait n'importe quoi.

OSCAR WILDE

"ON A FAIT FONDRE TOUTES TES BOUGIES EN UNE - AINSI ON A RÉUSSI À EN PLACER 50 SUR UN SEUL GÂTEAU!"

Je refuse d'avouer que j'ai plus de cinquante-deux ans, même si cela fait de mes fils des enfants illégitimes.

NANCY ASTOR

*

De la naissance à 18 ans, une fille a besoin de bons parents ; de 18 à 35 ans, elle a besoin d'une belle apparence ; de 35 à 55 ans, elle a besoin d'une bonne personnalité ; et à partir de 55 ans, elle a besoin d'argent.

SOPHIE TUCKER

*

"TU N'AS PAS BESOIN DE <u>TELLEMENT</u> RENTRER LE VENTRE, PAPA..."

<u>Signes Avant-Coureurs :</u>

… on commence à dire des choses comme "de mon temps."

… on attrape des cheveux blancs à force de s'inquiéter pour ses rides.

… vous vous accrochez à l'idée que grand-mère était beaucoup plus âgée que vous lorsqu'elle a commencé à dire des bêtises.

… vous avez besoin d'émailler la conversation de vos exploits physiques du genre "j'ai couru après le bus, j'ai monté l'escalier quatre à quatre, assis par terre avec mon petit-fils"…

… l'esthéticienne, le coiffeur et le dentiste hochent tous la tête en soupirant.

… le docteur dit : "Vous êtes en pleine forme" — mais a l'air étonné.

ANNELOU DUPUIS

*

"C'ÉTAIT UN ENFANT TRÈS MIGNON… MALHEUREUSEMENT,
IL A ATTEINT SON APOGÉE À DOUZE ANS…"

DÉCHÉANCE

J'ai atteint l'âge où mon derrière sort plus que moi.

PHYLLIS DILLER

*

On réalise que l'on prend de l'âge lorsqu'on se réveille le matin avec un arrière-goût de "lendemain de la veille" sans avoir rien fait la veille.

S.L.P.

*

Vieillir, c'est ne plus trouver romantiques les dîners aux chandelles, faute de pouvoir lire le menu.

CINDY PATTERSON

*

Avec l'âge, les deux choses que l'on fait le plus fréquemment sont uriner et assister à des funérailles.

FRED SHOENBERG,
extrait de *"Crise du moyen-âge et autres déchéances masculines."*

*

Ce n'est pas que mon visage soit de plus en plus ridé, mais l'autre jour, une goutte de sueur a mis deux heures pour atteindre mon menton.

*

J'ai invité une jeune fille d'Houtesiploux à prendre le thé, m'annonçait récemment ma belle-mère, 61 ans. C'est une ancienne camarade de classe, me précisa-t-elle.

*

Je n'oserais dire qu'elle fait son âge, mais la semaine dernière, elle s'est fait suivre jusque chez elle par une meute d'archéologues.

*

Mon voisin (55 ans), parlant d'un ancien camarade de régiment qu'il n'a plus revu depuis trente ans : "Qu'est-ce qu'il doit être vieux maintenant ; il est peut-être mort !"

*

"TU TE RENDS COMPTE QU'À NOUS DEUX, NOUS SOMMES PLUS VIEUX QUE LA PLUPART DES TRUCS QUE TU REGARDES?"

DE L'HISTOIRE ANCIENNE

Vous réalisez que vous prenez de l'âge quand vos petits-enfants vous interrogent sur vos souvenirs personnels de Napoléon III et de la vie sans électricité.

"SALUT, GRAND-PÈRE..."

"APPELLE-MOI ENCORE UNE FOIS BONNE-MAMAN ET TU VAS VOIR CE QUE TU VAS VOIR!"

La condamnation de la jeunesse fait partie intégrante de l'hygiène des personnes âgées, et favorise considérablement la circulation du sang.

LOGAN SMITH

*

Les enfants sont d'un grand soutien dans la vieillesse, ils vous aident aussi à l'atteindre rapidement.

LIONEL KAUFFMAN

*

<u>Chauve Et Si Élégant!</u>

En termes mathématiques, la vieillesse est une condition qui est atteinte lorsque le front se dégarnit à une vitesse directement proportionnelle à l'élargissement de la taille.

ANGUS WALKER

Il faut considérer le côté positif de la calvitie : au moins, il ne faut plus se laver les cheveux.

DARA O'CONNELL

Tu te souviens des Teddy Boys ? Ils avaient coutume d'utiliser un pot entier de brillantine et de passer des heures à arranger leurs mèches. Aujourd'hui, un geste rapide avec un peu d'encaustique suffit amplement.

*

Qui Voudrait Vivre Éternellement ?

La vie est une dure lutte, dont les cent premières années sont les plus pénibles.

WILSON MIZNER

*

La vie serait considérablement plus facile si on pouvait naître à quatre-vingts ans et descendre petit à petit vers dix-huit.

MARK TWAIN

*

La jeunesse est une maladie dont on guérit tous.

DOROTHY FULDHEIM

*

Pour rester jeune, il suffit de fréquenter des personnes âgées.

BOB HOPE

*

Tu n'es plus aussi jeune qu'avant,
ni aussi vieux que bientôt.
Alors fais gaffe !

TOAST IRLANDAIS

Vingt Ans Encore Et Toujours

Les années qu'une femme soustrait de son âge
ne sont pas perdues, elles sont ajoutées aux autres femmes.

DIANE DE POITIERS

✵

"QUE VEUX-TU DIRE PAR 'TU FAIS PLUS JEUNE QUE CATHERINE DENEUVE?' CATHERINE DENEUVE A AU MOINS 56 ANS!"

A partir de trente ans, une femme oublie son âge.
A partir de quarante ans, elle oublie même
s'en être jamais souvenue.

NINON DE LENCLOS

*

Ma femme ne ment jamais au sujet de son âge.
Elle dit simplement à tout le monde qu'elle a mon âge.
Puis elle ment au sujet de mon âge.

*

L'homme vieillit quand il commence à cacher
son âge ; une femme, quand elle avoue enfin le sien.

OSCAR WILDE

*

O temps, suspends ton vol ! et vous heures propices,

Suspendez votre cours !

Laissez-nous savourer les rapides délices

Des plus beaux de nos jours !

A 50 ans, ces vers de LAMARTINE deviennent moins romantiques et d'une exigence tenace.

*

Mon mari ne convoite jamais les autres femmes. Il est bien trop élevé, trop correct, trop vieux pour cela.

GRACIE ALLEN

A cinquante ans, cela arrive encore "d'avoir envie", sans trop savoir de quoi…

*

Courage, Tu Ne Fais Pas Aussi Vieux Que Ça!

A cinquante ans, les amis de cet âge n'ont pas changé d'un pouce, mais les amis de quarante ans attrapent tous un coup de vieux.

PHILIPPE DUPUIS

*

Ah, l'âge! On se réveille un matin, et il est là!

*

Comment se fait-il qu'aux réunions d'anciens on se sente toujours de loin le plus jeune?

*

La cinquantaine, c'est réaliser soudainement que les parents vieillissent, que les enfants grandissent, et qu'on n'a pas changé.

FRED SHOENBERG

*

"VOYONS, AVOIR CINQUANTE ANS, CE N'EST PAS SI TERRIBLE!
D'ACCORD, CE N'EST PAS GÉNIAL, MAIS CE N'EST PAS TERRIBLE."

On réalise qu'on approche de la cinquantaine
quand on ne se reconnaît plus sur les photos.
PIERRE GRANIER

*

Le Vieux Dragueur

Un vieux dragueur, qui se flattait d'être encore un séducteur, faisait de l'œil à une jolie serveuse de son club. "Dis-moi, chérie, où étais-tu pendant toute ma vie ?" "En fait, Monsieur, pour les quarante premières années, je n'étais même pas née."

*

Quand on atteint la cinquantaine, il faut apprendre à vieillir avec grâce, dit-il. Parfait, répondis-je, appelle-la, et voyons à quoi elle ressemble.

*

J'ai peut-être cinquante ans, mais tous les matins à mon réveil, je me sens dans la peau d'une personne de vingt ans. Malheureusement, il n'y en a jamais d'autres dans les environs.

*

On n'est jamais trop vieux pour apprendre.

*

"A QUI APPARTIENT CE LIVRE DE FICTION?"

"IL Y EN AVAIT UN AUTRE AVEC '50 ANS ET JE LES FAIS', MAIS J'AI PRÉFÉRÉ CELUI-CI."

A cinquante ans, les gens attendent de vous que vous soyez mûr, responsable, sage et digne. C'est le moment de les désillusionner.

PETER DUGDALE

*

Plus je vieillis, moins je crois le dicton selon lequel la sagesse vient avec l'âge.

*

L'âge est le lourd tribut à payer pour atteindre la maturité.

TOM STOPPARD

*

Je parlais à mon fils des avantages d'avoir plus de cinquante ans. "En vieillissant, lui dis-je, on acquiert la sagesse". Il me regarda et répondit : "Dans ce cas, tu devrais carrément être un génie."

*

L'EMBONPOINT DE LA CINQUANTAINE

J'ai atteint l'âge où la nourriture a remplacé le sexe dans ma vie. En fait, j'ai simplement fait placer un miroir au-dessus de ma table de cuisine.

RODNEY DANGERFIELD

*

A partir d'un certain âge, il est toujours bon de se rappeler quelques règles diététiques de base :

1. Si personne ne vous voit grignoter, vous ne prenez aucune calorie.

2. Si vous avalez un snack rapidement (ou en vous cachant la tête dans le frigo), vous ne prenez aucune calorie.

3. Si vous buvez du coca light avec une barre de chocolat, ils s'annulent réciproquement.

N.J.R.

*

A cinquante ans, lorsque vous ingurgitez des mets délicieusement riches et gras, vous "mangez la mort", avec l'horrible suspicion que c'est peut-être vrai.

ODILE DORMEUIL

*

"D'ACCORD, TU PÈSES AUTANT QU'À 35 ANS. TU ÉTAIS DODU À 35 ANS."

"TU VOIS BIEN QU'IL Y A DES CHOSES QUI ONT CHANGÉ DEPUIS L'ÉPOQUE DE NOTRE VOYAGE DE NOCE !"

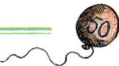

On Devient "Trop Vieux" Quand...

… vous invitez une dame à passer avec vous seulement une partie de votre week-end.

…faire l'amour vous transforme en un animal sauvage : …un paresseux.

… il ne faut plus courir après les femmes : il suffit de les accrocher au passage avec une canne.

*

… on se réjouit de passer une morne soirée à la maison.

… avoir de la chance signifie gagner à la loterie.

… l'esprit le veut,… mais que la chair est bien trop fatiguée.

ANNELOU DUPUIS

*

Une épave!

Maintenant que j'ai cinquante ans, mon médecin me conseille de sortir prendre l'air et de faire de l'exercice plus souvent. Je lui ai répondu: "D'accord, dorénavant je conduirai avec les fenêtres ouvertes."

ANGUS WALKER

J'atteins l'âge de profiter du dernier sport en vogue. Cela s'appelle courir après ses lunettes.

LORD GREY OF FALLODEN

*

… arriver à 50 ans, c'est déjà un bel exercice !

*

Tout Dans La Tête

A mon âge, cela m'est égal de perdre un peu la tête — du moment que je la retrouve ensuite.

*

Il ne faut pas trop faire travailler ses cellules grises car elles sont un peu rouillées.

CARINE, 10 ANS

*

A cinquante ans, vous n'êtes pas toujours sûre du fonctionnement exact de gadgets que tout le monde connaît.

ODILE DORMEUIL

*

On dit souvent qu'à partir de cinquante ans, une des premières choses à disparaître est la… euh, qu'est-ce que je disais donc ?

*

"C'EST BIZARRE, J'AURAIS POURTANT JURÉ QU'ON ÉTAIT VENDREDI."

*

A mon âge, certaines connexions d'idées me dépassent. Par exemple, si quelqu'un m'appelle pour me donner rendez-vous à huit heures au sept cent onze, j'arriverai inévitablement à neuf heures au cinq cent dix.

BILL COSBY

*

"LES GENS DISENT QU'ON EST AUSSI JEUNE QU'ON LE SENT. J'AI 50 ANS, POURQUOI EST-CE QUE JE ME SENS <u>DÉJÀ</u> DE CET ÂGE-LÀ!"

Les quatre âges de la vie d'un homme
sont la tendre enfance, l'enfance, l'adolescence,
et la décrépitude.

ART LINKLETTER

*

… vous vous réveillez un matin avec une tache
que vous n'aviez jamais vue sur le visage (ou sur le dos
de la main), et vous êtes sûr qu'il s'agit d'un cancer…
Votre vue décroît progressivement : c'est une tumeur
du cerveau ! Quelques palpitations : crise cardiaque !
vous présentez les symptômes d'une quelconque
maladie que vous avez vue la veille à la télévision.
Tout cela s'appelle "la maladie du jour."

FRED SHOENBERG

*

L'un des aspects les plus tristes de la vieillesse,
c'est de penser avoir une maladie incurable et
d'entendre le médecin dire : "Je suis terriblement
désolé, mais je vais devoir vous piquer."

ALEX, 7 ANS

*

Bilan Médical

La cinquantaine atteinte, l'homme est toujours persuadé que dans une semaine ou deux, il retrouvera sa forme d'antan.

DON MARQUIS

*

A partir d'un certain âge, on peut prendre ses émotions pour des symptômes.

IRVIN COBB

*

"POUR QUELQU'UN DE CINQUANTE ANS, VOUS ÊTES DANS UN ÉTAT LAMENTABLE."

"FAUX! J'EXIGE UN DEUXIÈME DIAGNOSTIC."

"D'ACCORD. VOUS ÊTES ÉGALEMENT TRÈS LAID."

SECRETS DE JOUVENCE

Le secret pour vivre vieux c'est de rester actif, de faire de l'exercice et de ne pas trop boire. De ne pas trop peu boire, non plus.

HERMAN JOHANNSON, 103 ANS

*

SECRETS DE LONGÉVITÉ :
1. Ne jamais courir après un bus — il y en aura toujours un suivant.
2. Ne jamais, au grand jamais, manger de nourriture frite.
3. Se tenir éloigné des Ferrari et autres petites voitures italiennes.
4. Manger des fruits — une nectarine, voire même une prune pourrie.

MEL BROOKS

*

Je connais un homme qui a arrêté la cigarette, l'alcool, le sexe et la nourriture riche. Il fut dès lors en bonne santé jusqu'au jour où il se suicida.

JOHNNY CARSON

*

La Beauté Du Corps

Vous n'avez qu'à rentrer votre estomac
tout le temps.

BURT REYNOLDS

∗

Difficile d'être je-m'en-foutiste
quand on a des bourrelets autour de la taille.

JUDITH VIORST,
extrait de *"A une Amie de quarante ans envisageant l'adultère avec un jeune homme."*

∗

On réalise que l'on vieillit quand une diseuse
de bonne aventure vous propose de lire les lignes
de votre visage.

J.K.N.

∗

Passé trente ans, le corps acquiert une mémoire
personnelle.

BETTE MIDLER

∗

Je suis toujours comme avant, à part que tout
est dix centimètres plus bas.

ROSE LEE

∗

"SI TU TE RENDAIS UTILE AU LIEU DE TOURNER EN ROND, EN ESSAYANT DE DISSIMULER TON DOUBLE MENTON?"

La vieillesse ne peut vous attraper si vous continuez à bouger.

ODILE DORMEUIL

La chose la plus agréable quand tu es passé de l'autre côté de la colline, c'est que tu peux avoir du plaisir et rouler en roue libre.

"C'EST DINGUE CE QUE CERTAINES PERSONNES VEULENT FAIRE LE JOUR DE LEURS CINQUANTE ANS."

Assumez Votre Âge

A cinquante ans et plus, vous pouvez toujours
faire ce que vous faisiez à dix-sept... du moins,
si cela vous est égal de passer pour un comique.

*

Les garçons resteront toujours des garçons,
de même que les hommes d'un certain âge.

ELBERT HUBBARD

*

Le temps et les soucis peuvent dompter une jeune
femme évoluée ; mais une femme d'âge évolué
ne peut être contrôlée par aucune force terrestre.

DOROTHY L. SAYERS

*

N'oubliez pas qu'à l'exception de vos parents
et enfants, la plupart des gens vous considèrent
comme un adulte.

FRED SHOENBERG,
extrait de "La crise du moyen-âge et autres déchéances masculines."

*

"IL S'EST MIS EN TÊTE DE FAIRE DES CHOSES QU'IL N'AVAIT PLUS FAITES DEPUIS LONGTEMPS. JE CONTINUE À ESPÉRER."